꽃과 씨앗 그리고 마법의 물약

초등과학Q는 과학의 기본 개념을
말랑말랑하게 풀어낸 세상 친절한 과학 해설서예요.
핵심을 찌르는 재치 넘치는 질문! 웃음이 가득한 탐구 과정!
재미있는 글과 그림을 따라가면 암호문 같은
과학 교과서가 술술 읽힐 거예요.

초등과학Q 5

마녀의 식물도감

꽃과 씨앗 그리고 마법의 물약

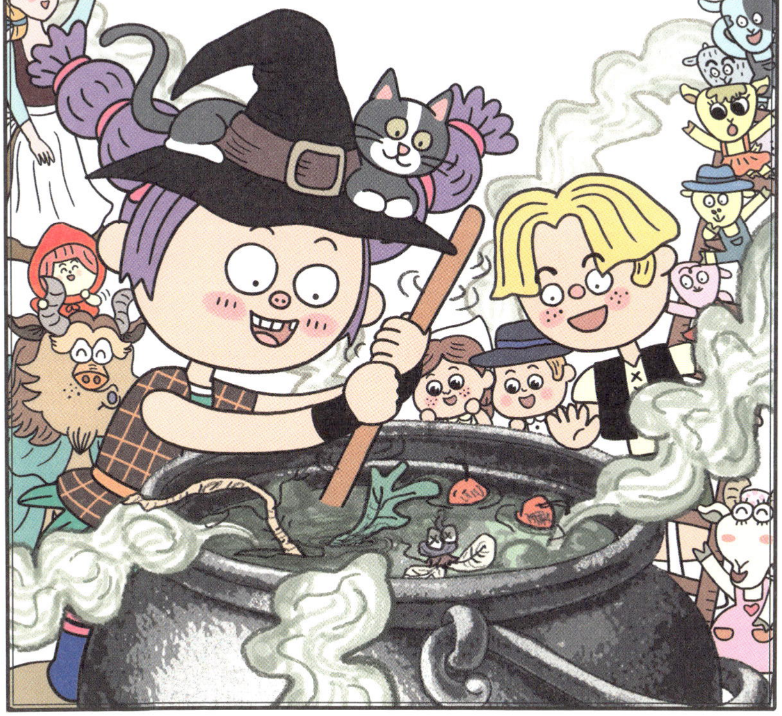

오수민 글 윤유리 그림 김진석 감수

그레이트 BOOKS

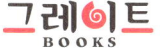

차례

첫 번째 Q

거대 강낭콩의 떡잎은
왜 시들었을까?

식물의 구조　　　　　**8**

두 번째 Q

아기 염소의 허브를
살리려면?

잎과 광합성　　　　　**26**

세 번째 Q

고구마는
뿌리일까 줄기일까?

뿌리와 줄기　　　　　**46**

네 번째 Q

초록 장미는 어디에 있을까?

씨앗이 피는 이유   **64**

다섯 번째 Q

도둑놈의갈고리 씨앗은 왜 옷에 붙을까?

씨앗과 열매   **84**

여섯 번째 Q

단풍잎은 왜 빨간색일까?

식물의 한살이   **102**

거인의 코털이 필요해!

썩은 사과 씨 두 알, 흰 늑대 털 네 가닥,
말린 개구리 다리 두 개, 벌레 먹은 민들레 잎 세 장….
"자, 이제 썩은 연못 물만 넣으면 끝이야!"
ㄷㄷㄷㄷㄷㄷ!
강력 믹서기가 팽글팽글 돌았어. 보기만 해도 우웩 토가 나올 만한 시꺼먼 물약이 만들어졌지. 마리는 물약을 분무기에 조심조심 따르고 크게 심호흡을 했어.
"제발, 이 곱슬머리를 쫙 펴 주세요!"

10

마리는 결심한 듯 소매를 탁탁 걷어붙이고, 머리에 칙칙 물약을 뿌렸어. 그러자 시궁창 냄새가 폴폴 나더니 펑 소리와 함께 뽀글뽀글한 머리가 거짓말처럼 쫙 펴졌단다.

"우아, 성… 성공한 거야? 나 드디어 꿈에 그리던 비단결 생머리를 갖게 된 거야?"

그 순간, 탱글! 하며 마리의 머리카락이 다시 구운 오징어 다리처럼 돌돌 말리며 올라갔어. 곧게 펴진 지 10초 만에 도로 곱슬머리가 되었지.

"으악! 실패야, 또 실패! 역시 거인의 코털이 들어가야 완벽한 물약을 만들 수 있어. 코털, 코털이 필요하다고!"

　마리가 머리채를 움켜쥐고 있을 때였어. 이웃집 동생 잭이 개구리처럼 두 다리를 팔짝거리며 문을 열었지.

　"마녀 마녀 마리야~. 어이쿠!"

　쨍그랑! 큰일이야. 잭이 마리의 씨앗 쟁반을 걷어차 버렸어. 그것도 실험에 쓰려고 가지런히 정리해 둔걸!

　"안 돼! 내 소중한 씨앗들!"

　화가 머리끝까지 치솟은 마리는 찌릿찌릿 잭을 째려보다가 큰 소리로 외쳤지.

　"아브라 아브라 수리수리 숭구리! 우둘투둘 개구리가 되어라!"

　펑! 잭이 청개구리가 되었네.

"너무한 거 아냐? 이까짓 씨앗이 뭐라고!"

"뭐, 이까짓 씨앗? 너 씨앗이 얼마나 귀한 건 줄 몰라? 씨앗이 없으면 네가 좋아하는 빵도 못 먹는다고."

"흠, 뭐지? 수수께끼인가? 씨앗이랑 빵이랑 뭔 상관?"

"잭! 이건 수수께끼가 아니라 과학이야. 씨앗이 있어야 밀이 자라고, 밀이 자라야 열매를 맺고, 밀알이 있어야 밀가루를 만들고, 밀가루가 있어야 빵을 굽는 거야. 그러니까 씨앗이 없으면 빵도 없어! 내 소중한 씨앗들을 하나도 남김없이 다시 담도록!"

요술 강낭콩? 말도 안 돼!

잭은 폴짝폴짝 뛰면서 씨앗을 주워 담았어.

"하나도 남김없이! 같은 모양끼리 가지런하게!"

"알았어. 그런데 누나는 이게 무슨 씨앗인지 다 알아?"

"당연하지. 내가 누구니? '하나도 쓸모없지만 어쨌거나 재미는 있는 마법의 물약 상'을 받은 나라고."

줄줄이 맛있는
옥수수 씨앗

딱딱하고 커다란
감 씨앗

꽃 속에 콕콕 박힌
해바라기 씨앗

너무 작아서
그냥 먹는
참외 씨앗

딱딱한 껍질에
고소고소
호두 씨앗

그때 잭이 씨앗 하나를 집으며 말했지.

"요건 혹시 강낭콩인가?"

"오호, 맞았어. 밥에 넣으면 맛있지!"

그러자 잭은 벌떡 일어나 주머니를 뒤적거리더니, 콩 한 알을 꺼내 들었어.

"누나, 누나! 이거 요술 강낭콩이야. 엄마가 키운 소를 장에 팔려고 끌고 가다가, 웬 아저씨가 요술 씨앗을 준대서 바꿨거든. 엄청나게 큰 강낭콩이 열린대!"

잭의 말에 마리는 얼굴을 팍 구기며 대답했지.

"뭐? 소랑 강낭콩이랑 바꿨다고? 어이구, 너 소가 얼마나 비싼 줄 알아? 사기꾼 아저씨한테 속았네, 속았어."

마리는 잭이 건넨 강낭콩을 창문 밖으로 휙 던져 버렸어.

"힝, 누나! 내 강낭콩 왜 버려!"

"진짜 요술 강낭콩이라면 알아서 쑥쑥 자라겠지."

잭은 입을 삐죽 내밀었어.

"그런데 이 씨앗을 심으면 정말 싹이 나?"

"그럼, 식물은 작은 씨앗에서 시작되지."

"그런데 지금은 왜 싹이 안 터? 한 달도 넘게 쟁반에 두었는데…."

"흠, 좋은 질문이야! 싹이 트려면 우선 씨앗을 깨워야 하거든. 아니, 뭔가 먹여야 한다고 해야 하나?"

그러자 수수께끼를 좋아하는 잭의 눈이 반짝였어.

"알겠다, 우유! 씨앗은 아기니까~."

"하하, 아쉽게도 땡! 씨앗은 우유가 아니라, 물을 먹어야 깨어나. 온도도 적당해야 하고, 공기도 필요하지."

"그것만 있으면 돼? 배고플 것 같은데…."

"싹을 틔운 씨앗이 쑥쑥 자라려면 물과 공기 이외에 햇빛이 꼭 필요해. 햇빛만 있으면 스스로 자라는 데 필요한 양분을 만들 수 있거든. 그런 점에서 식물은 참 대단하지? 음식을 먹어야만 살 수 있는 사람과는 다르단다."

거대 강낭콩 출현하다!

그때였어. 갑자기 집 안이 캄캄해졌어. 커튼을 친 것처럼 말이야. 마리와 잭은 깜짝 놀라 문을 열고 뛰어나갔지.

"어머나, 거대 강낭콩이네! 네가 속은 게 아니었어."

"거봐. 내가 요술 강낭콩이라고 했잖아."

"저기 보이는 둥근 잎 보이지? 저게 바로 떡잎이야. 처음 나오는 잎인데, 영양분을 저장하고 있어."

"영양분? 식물은 스스로 만든다면서…."

"아직 아기잖아. 떡잎은 어린잎과 뿌리가 자라는 동안 영양을 공급해 줘. 저기 봐. 떡잎이 두 장이지? 강낭콩, 민들레, 해바라기처럼 떡잎이 두 장인 식물을 쌍떡잎식물이라고 한단다."

"쌍쌍바 같다! 그럼 떡잎이 백 장인 식물은 백떡잎식물?"

"하하, 그런 식물은 없어. 떡잎이 한 장인 식물은 있지! 보리, 밀, 벼, 강아지풀, 옥수수 등은 외떡잎식물이야."

3~5일째 : 딱딱한 씨앗을 깨우려면 물을 듬뿍 주어야 해요. 그러면 조금씩 부풀어 오르며 싹을 틔울 준비를 하지요.

5~7일째 : 뿌리가 나오기 시작하면서 흙을 밀어 올려요.

떡잎아, 떨어지지 마!

거대 강낭콩은 쉴 새 없이 쑥쑥 자랐어. 떡잎 사이로 살짝 보이던 본잎도 어느새 쑥쑥 자랐지.

"너도 태어났을 때는 아주 작았지만, 쑥쑥 자랐지? 식물도 마찬가지야. 태어났을 때는 작지만, 점점 성장하지. 줄기는 점점 길어지고 굵어져. 잎은 점점 넓어지고 개수도 많아지지. 줄기 끝에서 새로운 잎이 계속 생기거든."

강낭콩의 본잎은 미끄럼틀을 탈 정도로 커졌어. 줄기는 100년 묵은 나무보다도 두꺼워졌지.

"앗, 누나! 그런데 떡잎은 자라지 않네! 자라지 않는 게 아니라 시들시들해. 저러다 똑 떨어지고 말겠어."

"제 역할을 다했으니까. 떡잎은 식물이 싹을 틔우는 데 필요한 영양분 공급하고 나면 시들어 떨어져. 식물은 이제 스스로 영양분을 만들어 성장하지."

식물도 운동을 한다고?

거대 강낭콩은 하늘을 찌를 듯 높이높이 자랐어.

"끝이 안 보여. 저러다 구름까지 뚫는 거 아닐까?"

"뭐, 구름이라고? 잭, 너는 천재야! **거대 강낭콩이 구름에 닿는 날, 거인의 코털을 뽑으러 가는 거야.** 그럼 '머리카락이 쫙쫙 펴지는 마법 물약'을 만들 수 있다고! 가만있자. 한 시간 동안 얼마나 자란 거지?"

마리와 잭은 사다리를 타고 거대 강낭콩의 높이를 쟀어.

식물은 스스로 움직이거나 다른 곳으로 이동할 수 없어요. 하지만 빛, 온도, 수분의 변화로 환경이 달라지면 거기에 맞춰 몸의 일부를 움직여요.

태양 좋아! 태양 좋아! 좋아! 좋아! 그냥 좋아! 진~짜 좋아~!

화분에 심은 식물이 빛이 들어오는 창문 쪽으로 휘는 모습을 본 적이 있나요? 이렇게 식물이 빛에 반응하는 성질을 **굴광성**이라고 하지요.

"누나, 그런데 강낭콩 줄기가 똑바르지 않고, 휜 것 같아."
"으응, 그건 운동을 하기 때문이야."
"식물이 운동한다고? 거짓말~."
"식물은 환경이 달라지면 거기에 맞춰서 몸의 일부를 조금씩 조금씩 움직여. 지금 강낭콩 줄기가 휜 건 빛을 향하려는 성질 때문이야. 식물은 빛 이외에도 물, 공기, 중력, 물체에 반응하지."

마리는 거대 강낭콩의 높이를 재고, 물도 듬뿍 주었어. 구름에 닿기 위한 마리의 계획은 과연 성공할까?

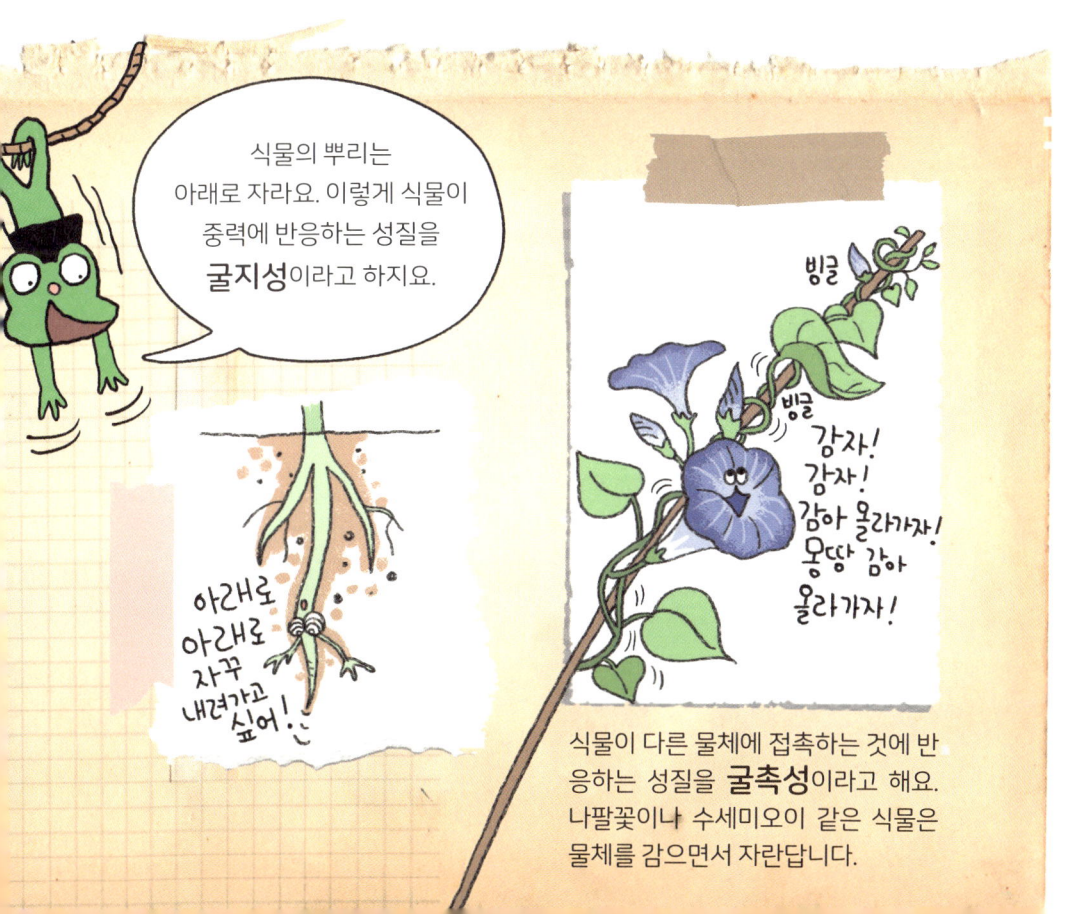

식물의 뿌리는 아래로 자라요. 이렇게 식물이 중력에 반응하는 성질을 **굴지성**이라고 하지요.

아래로 아래로 자꾸 내려가고 싶어!

빙글 빙글 감자! 감자! 감아 올라가자! 몽땅 감아 올라가자!

식물이 다른 물체에 접촉하는 것에 반응하는 성질을 **굴촉성**이라고 해요. 나팔꽃이나 수세미오이 같은 식물은 물체를 감으면서 자란답니다.

거대 강낭콩처럼
아주 큰 식물들을 찾아보자!

인도네시아의 깊은 숲속에서는 커다란 꽃을 볼 수 있어요. **라플레시아**라고 불리는 이 꽃은 지름이 무려 1m가 넘는답니다. 꽃이 피는 데만 한 달이 걸리지요. 이 꽃은 잎이 없어 광합성을 하지 못하기 때문에 숲 바닥을 기면서 다른 식물의 줄기나 뿌리에 붙어 살아요. 고약한 냄새가 나지만, 곤충들은 이 냄새를 좋아한대요.

미국 캘리포니아주 레드우드 국립 공원에는 커다란 나무가 아주 많아요. 그중에서 **'제너럴 셔먼'**이라 불리는 이 나무는 세계에서 가장 큰 나무로 손꼽힌답니다. 키는 84m에 이르고 둘레는 24m에 이르지요. 나이는 2,000살 정도 된대요. 세계에는 키가 100m가 넘는, 이 나무보다 키가 큰 나무들도 많이 있대요. 하지만 키와 둘레를 모두 포함한 부피를 고려해 세계 최고로 꼽지요.

염소 아줌마가 무슨 일로?

햇살이 반짝반짝 빛나는 날이었어. 마리는 마법의 물약을 휘젓느라 바빴어. 잭은 거미줄 치는 거미를 방해하느라 바빴고.

"이런, 염소 코딱지가 똑 떨어졌잖아?"

마리가 국자를 들고는 울상을 지었어.

"우웩, 염소 코딱지라니~. 그딴 게 왜 필요해?"

"지금 '네네 물약'을 만들고 있단 말이야. 요걸 먹으면 내가 하는 말에 무조건 네네~ 한다고. 너 같은 말썽꾸러기한테 먹여야지!"

"헤헤, 윗마을 염소 가족한테 좀 달라고 해 봐. 아기 염소가 일곱 마리나 살고 있으니까."

"아기 염소? 싫어. 난 아기는 질색이야."

그때였어. 똑똑. 누군가 문을 두드렸어. 마리가 달려가서 문을 열었더니, 약속이나 한 듯 염소 아줌마가 서 있지 뭐야?

"안녕하세요! 저는 윗마을에 사는 염소 아줌마예요. 잭에게 얘기를 듣고 찾아왔어요. 여기 사는 마녀가 식물 박사라던데…. 궁금한 게 있어서요."

마리는 활짝 웃으며 말했지.

"와, 염소 아줌마! 정말 반가워요. 뭐가 궁금하세요?"

"며칠 전에 허브를 심었거든요. 분명히 건강한 모종을 심었는데, 며칠 만에 시들해졌어요. 우리 아기들이 울고불고 난리가 났어요. 허브를 살릴 방법이 없을까요?"

허브가 밥을 먹지 못했어

마리는 창고를 둘러보더니 염소 아줌마에게 물었어.

"아줌마, 화분을 왜 창고에 두었어요?"

"애들이 먹을 귀한 식물이니 숨겨 놓았죠."

"나무 창문은 왜 닫았어요?"

"벌레를 막으려고요. 벌레가 허브 잎을 파먹으면 어떡해요!"

마리는 고개를 끄덕끄덕하고는 이렇게 말했어.

"흠, 허브를 살릴 방법이 있답니다. 창문만 열면 돼요!"

"네? 창문이요?"

"네, 허브가 시들시들했던 건 햇빛을 받지 못해서였어요. 식물에겐 햇빛이 밥이거든요."

아기 염소들은 깜짝 놀라는 눈치였어.

"불쌍해요! 먹을 게 없어서 햇빛을 먹는 거예요?"

마리의 눈이 반짝거렸어. 마리는 질문을 좋아하거든!

"식물은 물, 이산화 탄소, 햇빛만 있으면 스스로 영양분을 만들어 쑥쑥 자라. 이걸 '광합성 작용'이라고 한단다. 불쌍한 게 아니라, 대단한 거지!"

"광합성이요?"

"응, 광합성은 식물의 잎에서 일어나. 잎 속에는 엽록체가 들어 있는데, 햇빛을 쬐면 이 빛을 이용해 물과 이산화 탄소로 영양분을 만들지."

"와, 마녀가 아니라 선생님 같아!"

잭은 호들갑을 떨며 마리를 향해 엄지를 척 내밀었어. 잭의 칭찬에 마리도 어깨가 으쓱해졌지.

"식물은 광합성을 해서 영양분도 만들지만, 산소도 만들어 내뿜는단다. 울창한 숲에 가면 공기가 상쾌하지? 나무들이 광합성으로 산소를 내뿜기 때문이야."

그러자 막내 염소가 손을 번쩍 들었어.

"선생님! 산소를 어디로 내뿜어요? 식물에도 코랑 입이 있어요?"

"음… 코랑 입은 없지만, 기공이 있지! 식물의 잎 뒷면에는 기공이라는 호흡 기관이 있는데 산소와 이산화 탄소가 오가는 곳이야. 광합성이 활발한 낮에 식물은 기공을 통해 주로 이산화 탄소를 들이마시고, 산소를 내뿜어. 반대로 밤에는 주로 산소를 들이마시고 이산화 탄소를 내뿜지."

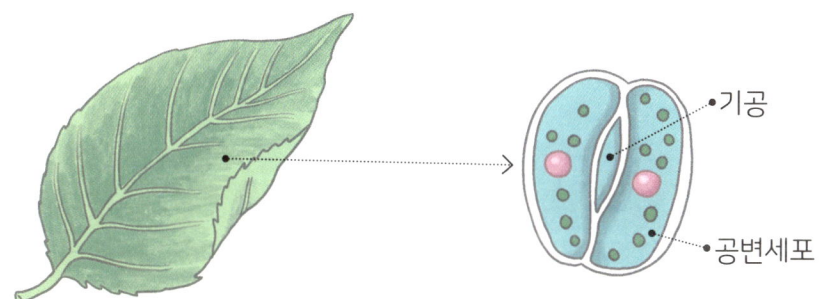

식물의 잎 뒷면에는 수많은 기공이 있어요. 기공이 주로 잎 뒷면에 있는 까닭은 강한 햇빛이나 비를 피하기 위해서예요.

식물은 기공을 통해 호흡해요. 호흡은 밤낮으로 일어나지만, 낮에는 광합성 작용이 활발하기 때문에 내뿜는 산소의 양이 더 많지요.

기공은 증산 작용도 해요!

증산 작용은 기공을 통해 물을 증발시키는 작용이에요. 광합성이 일어나려면 물이 필요하죠? 뿌리로 흡수한 물은 잎까지 전달되어야 하는데, 이때 증산 작용은 물을 끌어올리는 원동력이 되어요. 기공을 통해 잎에 있던 물이 공기 중으로 증발하면, 부족해진 물을 보충하기 위해 뿌리의 물을 물관을 통해 끌어올리거든요.

코딱지 선물, 고마워

염소 아줌마는 마리에게 고맙다며 인사를 했어.
"저, 그럼 문제를 해결했으니 저에게 코딱지를…."
"물론이에요!"
마리는 네네 물약이 담긴 그릇 뚜껑을 열었어. 아기 염소 일곱 마리는 그릇에 코딱지를 조르르 담았지.
"야호! 드디어 네네 물약 완성! 얘들아, 코딱지 정말 고마워."

"우리 아기들의 걱정을 해결해 준 좋은 이웃에게 코딱지만 줄 순 없죠. 잠깐 기다려 줄래요? 맛난 과자를 사 올게요. 얘들아, 숲에 사는 늑대가 찾아올지도 몰라. 조심해야 해. 알겠지?"
일곱 마리 아기 염소가 대답했어.
"네!"

염소 아줌마를 기다리는 동안, 마리는 아기 염소들과 나뭇잎 놀이를 했어요. 마당에 있는 나뭇잎을 따서 하나씩 살펴보았지요.
"이것 봐. 식물의 잎은 모양이 정말 다양하단다. 요렇게 뾰족한 잎도 있고, 요렇게 넓적한 잎도 있지!"

"잎을 가만히 살펴보면 잎맥이 보이지? 잎맥은 물과 양분이 통하는 길이야. 잎맥에 따라서도 잎을 구분할 수 있단다. **잎맥이 그물처럼 엉켜 있는 건 그물맥, 나란한 잎맥은 나란히맥이라고 해.**"

나란히맥
외떡잎식물은 나란히맥이에요. 벼, 보리, 밀, 옥수수 등이 있지요.

그물맥
쌍떡잎식물은 그물맥이에요. 강낭콩, 호박, 국화 등이 그물맥이지요.

네네 물약을 탔어요

"얘들아, 엄마 왔다! 문 열어라!"

막내 아기 염소가 기뻐하며 문을 열었어. 하지만 문 앞에는 이빨을 드러낸 늑대가 서 있었지.

"히히, 귀여운 아기 염소들아, 내 목소리에 속았구나! 자, 누구부터 먹어 줄까?"

늑대가 침을 꼴깍 삼켰어. 아기 염소들은 발발 떨며 뿔뿔이 흩어졌어. 잭도 마리 뒤로 숨었지.

"어머, 늑대님 오셨군요! 방금 따끈한 수프를 만들었는데, 입맛도 돋울 겸 먼저 드시는 게 어때요?"

고소한 냄새가 코를 찔렀어. 늑대는 고맙다며 넙죽넙죽 한 그릇을 다 비웠지. 그때, 마리가 늑대에게 말했어.

"늑대야, 내 말 잘 들리니?"

늑대는 고개를 끄덕였어.

"네네, 마리님!"

"지금부터 내 말 잘 들어. 당장 이 집을 나가서 갈대밭을 지나 자작나무 숲으로 들어가. 그리고 **그중에 가장 높은 나무를 찾아 올라가렴. 그리고 꼭대기에서 크게 울음소리를 내.** 내가 들을 수 있게 말이야. 알겠니?"

"네네, 마리님!"

늑대는 쏜살같이 숲으로 달려갔어.

"애들아, 엄마 왔다! 문 열어라!"

"엄마, 엄마 맞아요? 내가 가장 좋아하는 게 뭐게요?"

"응, 우리 막내구나! 막내가 좋아하는 건, 당근!"

막내 아기 염소는 기뻐하며 문을 열었어. 이번엔 정말 엄마 염소네!

그때, 저 멀리 숲에서 늑대 울음소리가 들렸어.

"어머나, 늑대 울음소리네!"

엄마 염소의 말에 아기 염소들은 키득키득 웃었지.

"엄마, 엄마! 사실은 늑대가 왔는데요….'

이야기를 들은 염소 아줌마는 마리의 손을 꼭 잡고 고맙다며 인사했어.

"하하, 모두 염소 코딱지 덕분인걸요! 네네 물약 대성공! 모두 너희 덕분이야."

마리와 잭, 그리고 아기 염소들은
즐거운 과자 파티를 벌였단다.

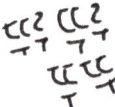

지구의 산소를 책임지는
아마존의 숲을 소개합니다.

남아메리카 대륙에 있는 아마존강은 여러 나라에 걸쳐 있는 거대한 강이에요. 아마존강은 길이로는 나일강에 이어 두 번째지만, 물의 양은 세계 최고랍니다. 아마존강 주변은 열대 숲으로 이루어져 있어요. 이 숲에서 내뿜는 산소의 양이 지구 산소의 20%를 차지한다고 하니, 정말 대단하죠? 그래서 아마존은 '지구의 허파'라는 별명을 가지고 있답니다. 하지만 왕성한 광합성을 통해 산소를 뿜어내는 아마존이 힘들어하고 있어요. 무분별하게 나무를 자르는 바람에 산림이 급속하게 파괴되고 있거든요. 아마존을 지키기 위한 전 세계적인 노력이 필요한 시점이에요.

빨간 모자야, 왜 울어?

으아아아앙!

잭이 숲속에서 놀고 있을 때였어. 어디선가 울음소리가 들려왔지. 울음소리를 따라갔더니, 빨간 모자가 그루터기에 앉아 울고 있는 거야.

"빨간 모자야, 물이 자기소개를 하면 뭐게?"

"… 나, 나 물?"

"우아, 울면서 답을 맞추다니! 너 정말 대단하다! 그런데 왜 울고 있어?"

빨간 모자는 케이크를 들고 할머니 댁에 놀러 가는 길이었대. 그런데 늑대가 나타나 케이크를 빼앗아 갔다지 뭐야.

"걱정하지 마. 마녀 마리에게 부탁하면 케이크를 뚝딱 만들어 줄 거야."

"정말? 고구마 케이크여야 하는데…."

"걱정 마~. 마리는 식물 박사여서 텃밭에 고구마가 가득해."

빨간 모자는 그제야 울음을 그치고 잭을 따라나섰어.

"마녀 마녀 마리야! 뭐 하고 있니?"

잭과 빨간 모자가 마리네 집을 찾았을 때, 마리는 텃밭에서 땀을 뻘뻘 흘리고 있었어.

"보면 몰라? 잡초 뽑고 있잖아. 그나저나 내가 뜯어 오라는 나물은 뜯어 왔니?"

그러자 잭은 눈을 둥그렇게 뜨고 눈알을 뱅글뱅글 돌렸지.

"**아, 나물? 헤헤, 까먹었네!** 그나저나 지금 그게 문제가 아니야. 빨간 모자한테 고구마 케이크를 만들어 줘야 한다고."

"뭐라고? 무슨 뚱딴지같은 소리야."

"잭이 그랬어. 마녀 마리가 고구마 케이크를 만들어 줄 거라고. 진짜 만들어 줄 거지, 언니?"

"언니, 이게 다 언니가 가꾼 텃밭이에요? 진짜 대단해요! 진짜 식물 박사가 맞나 봐요! 앗, 이건 해바라기죠? 처음 봐요!"

해바라기는 어떻게 똑바로 서 있지?

빨간 모자의 폭풍 칭찬에 마리는 왠지 기분이 좋아졌어.

"아니, 뭐… 이 정도야 껌이지. 해바라기는 말이야…."

"우아! 해바라기는 키가 진짜 크네요! 저보다 훨씬 커요! 이렇게 길쭉한 게 땅에 꼿꼿하게 서 있다니 신기해요."

마리의 두 눈이 반짝였어. 뭔가 말해 주고 싶어 입이 근질근질했지.

"식물의 줄기가 꼿꼿하게 서 있을 수 있는 건 바로 뿌리 때문이야. 식물의 뿌리는 땅속에서 줄기와 가지를 지탱하는 일을 하거든. 한번 볼래?"

마리는 해바라기 줄기를 잡고는 힘껏 잡아당겼어. 깊이 박힌 뿌리가 통째로 끌려 나왔지.

"우아, 해바라기 뿌리가 이렇게 생겼구나. 한가운데 굵은 뿌리가 있고, 가는 뿌리들이 퍼져 있어요."

"식물은 바로 이 뿌리로 흙 속에 녹아 있는 물과 영양분을 빨아들인단다."

마리는 빨간 모자를 옥수수밭으로 이끌었어.
이번에는 옥수수를 쑥 뽑았지.
"우아, 옥수수 뿌리는 모양이 다르네요!
가는 뿌리가 많이 나 있어요."
마리는 뿌듯함을 느끼며 설명을 계속했어.
"아이고, 기특해라. 맞아. **이건 수염뿌리야.
원뿌리와 곁뿌리 구분이 없이 가늘고
긴 뿌리들로 이루어져 있지.** 벼,
보리, 마늘, 강아지풀, 파 같은
식물이 수염뿌리야.

원뿌리 없이 진짜 수염 같다!

주로 외떡잎식물의 뿌리가 수염뿌리래.

뿌리도 줄기도 가지가지

"빨간 모자야, 이번에는 당근밭과 무밭으로 가 볼까?"

마리는 당근과 무를 쑥쑥 뽑았어.

"당근과 무도 뿌리란다."

"정말요? 뚱뚱하고 맛있는 뿌리네요!"

"그렇지? 이렇게 영양분이 저장된 뿌리를 저장뿌리라고 해. 자, 지금부터 우리가 캐낼 고구마도 저장뿌리란다."

고구마밭에 다다르자 빨간 모자는 팔짝 뛰면서 좋아했어.

"드디어 고구마를 만났네요! 어? 그런데 이게 뭐지? 줄기가 땅 위로 기어가는 것 같아요. 다른 식물들은 줄기가 하늘로 쭉쭉 뻗어 있었는데…."

그러자 심드렁하게 마리의 설명만 듣고 있던 잭이 한마디 거들었어.

"우왓, 기어가니까 기는줄기!"

"아니, 잭! 네가 정답을 맞추다니! 맞아. 고구마의 줄기는 기는줄기야. 줄기가 땅 위를 기어가다가 마디에서 새로운 뿌리를 내린단다."

"마리 언니, 그런데 줄기 속에는 뭐가 들어 있어요?"

"줄기 속에는 관다발이 들어 있어."

"관다발이요?"

"응, 관(管)은 속이 빈 가느다란 대를 말하는데, 줄기 속에는 뿌리에서 빨아올린 물이 흐르는 물관, 잎에서 광합성을 해서 만든 영양분을 나르는 체관이 있어. 이 관들이 다발로 묶여 있는 걸 관다발이라고 하지. 자, 그럼 케이크에 넣을 고구마를 캐 볼까?"

빨간 모자는 고구마를 열심히 캤어. 전속력으로 고구마를 캐던 잭은 고구마밭을 넘어 감자밭까지 들어갔지.

"어, 이건 감자잖아? 마리 누나, 감자도 저장뿌리지? 고구마랑 비슷한 느낌이야~."

"아니 아니~. 감자는 줄기야. 줄기에 영양분이 쌓인 거란다."

"고구마는 뿌리, 감자는 줄기라고? 흠, 역시 식물의 세계는 어려워. 맞다! 마녀 마리~ 감자 케이크도 만들면 어때?"

마녀 마리와 친구들은 고구마를 잔뜩 캐서 집으로 들어왔어. 손이 큰 마리는 고구마 케이크를 10개나 만들었지!

"자, 빨간 모자야! 할머니께 고구마 케이크를 갖다 드리자. 우리가 데려다줄게."

빨간 모자는 활짝 웃으며 고구마 케이크를 받아 들었어. 그런데 깊숙한 숲으로 들어서자, 또다시 늑대가 나타났지.

"크흐흐흐~, 맛있는 고구마 케이크 냄새! 빨간 모자야, 살고 싶으면 얼른 케이크를 내놓으렴!"

그때 빨간 모자의 뒤에 섰던 마리가 앞으로 나섰지.

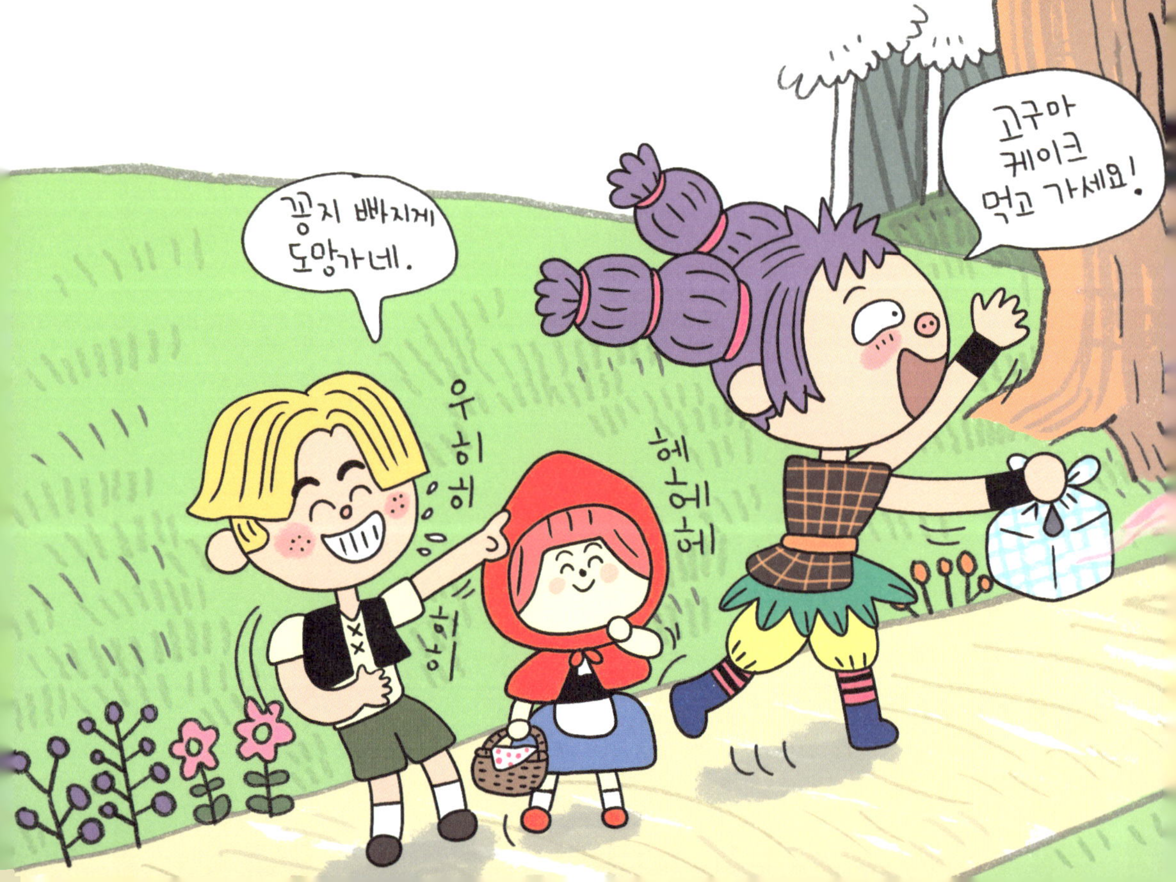

꽁지 빠지게 도망가네.

고구마 케이크 먹고 가세요!

"늑대님! 안 그래도 찾고 있었어요. 제가 만든 고구마 케이크, 맛 좀 보실래요?"

"괜… 괜찮아요… 배… 불러요…. 그럼 저는 이만!"

늑대는 벌벌 떨더니 줄행랑을 쳤어.

그날, 빨간 모자는 무사히 할머니 댁으로 가서 고구마 케이크를 맛있게 먹었대.

걸어가는 나무? 새끼 낳는 나무!

아마존의 깊은 숲에는 희귀한 나무가 많이 살고 있어요. 그중에는 '**걸어가는 나무**'도 있답니다. 이 나무는 뿌리가 바깥으로 나와 있어요. 햇빛이 잘 들지 않는 울창한 숲에서 새로운 뿌리가 나올 때, 나무는 햇빛을 향해 뿌리를 내요. 그늘 쪽으로 난 뿌리에는 영양 공급을 중단하고요. 그러면 뿌리가 썩어 잘려 나간답니다. 이렇게 오랜 시간이 지나면 나무는 점점 이동하게 되지요. 키 큰 나무들 사이에서 살아남기 위한 나무의 전략, 정말 신기하죠?

맹그로브는 바닷가나 갯벌에서 자라요. 물속에 반쯤 잠긴 채로 살아가지요. 물이 찼다 빠지기를 반복하기 때문에, 씨앗을 떨어뜨리면 씨앗이 물에 휩쓸려 싹을 틔우기 어려워요. 그래서 맹그로브는 씨앗의 뿌리가 어느 정도 자랄 때까지 어미 나무에서 키운 뒤에, 물속으로 흘려 보낸답니다. 뿌리가 자란 새끼 나무는 어미 나무에서 뚝 떨어져도 진흙 속에 무사히 뿌리를 내리고 자랄 수 있어요. 그래서 맹그로브는 '**새끼 낳는 나무**'라고 불리지요.

장미꽃 도둑을 잡아라!

"으하하하함~ 잘 잤다!"

마녀 마리는 규칙적인 생활을 해. 매일 새벽 5시에 일어나 정원을 가꾸지. 그날도 동이 트기도 전에 일어나 마당으로 나와 기지개를 켜고 있었어.

싹둑싹둑….

어디선가 가위질 소리가 들렸어. 마리는 불길한 느낌에 정원으로 달려갔지. 그런데 이게 무슨 일이야! 정성껏 가꾼 장미꽃이 댕강 잘려 있는 거야! 정원 끄트머리에서 누군가 신나게 장미꽃을 자르고 있었지. 화가 잔뜩 난 마리는 시속 100km 속도로 달려가서는 범인의 뒷덜미를 꽉 붙들었단다.

"누구야! 내 장미를 훔치는 놈이!"

범인은 깜짝 놀라 멈칫하더니, 슬며시 고개를 돌렸어. 이게 누구야? 산꼭대기 성에 사는 야수 아냐?

"마녀 마리? 와, 반갑다! 몇 년 만이니?"

"반갑다고? 그게 이 상황에 맞는 말이라고 생각해? 내 장미꽃을 다 꺾어 놓고?"

"여기가 네 꽃밭이야? 어머나, 난 진짜 몰랐어. 그냥 들에 핀 장미꽃인줄 알았는데…."

"뭐라고? 눈이 있으면 봐. 저기가 내 집! 여긴 내 정원!"

야수는 주변을 휘휘 둘러보더니 그제야 고개를 떨구었어.

"미안해. 동이 트지 않아서 잘 안 보였어…."

"그나저나 꽃은 왜 꺾은 거야?"

"아니, 그게… 내 사랑 벨이 장미꽃을 좋아해서…."

"어이구…. 그렇다고 내 꽃밭에 손을 대다니! 당장 개구리로 만들고 싶지만 내가 참아야지. 대신 빗자루 들고 정원을 싹싹 쓸도록!"

야수는 마리에게 몇 번이고 사과하며 앙증맞은 빗자루를 들었어. 그때 잭이 나타났지.

"마녀 마녀 마리야~, 오늘 아침은 뭐야? 난 토스트 먹고 싶은데! 어, 야수잖아?"

"잭! 너도 아침 얻어먹고 싶으면 당장 빗자루 들어!"

"에이, 빗자루는 하나뿐이잖아. 나는 야수가 열심히 하는지 지켜볼게. 야수 아저씨, 시작하세요!"

잭은 야수를 따라다니며 이것저것 참견했어. 야수는 잭의 잔소리에도 꿈쩍하지 않고 묵묵히 빗자루질을 했지. 그러다 뭔가 생각난 듯 잭에게 물었어.

"잭, 그런데 말이야… 너 꽃에 대해 잘 아니?"

"꽃이라고? 흠, 일단 물어봐."

"혹시 초록 장미 본 적 있니? 벨에게 들었는데, 초록 장미의 꽃말은 '고귀한 사랑'이래. 초록 장미를 주면서 청혼하고 싶은데…, 아무리 찾아봐도 없더라고."

야수의 말에 잭은 활짝 웃으며 대답했지.

"걱정하지 마! 마녀 마리는 식물 박사니까!"

무궁화꽃도 몰라?

"마녀 마녀 마리야~, 초록 장미는 어디에 있나요?"

"초록 장미? 그게 왜 필요한데?"

"야수가 벨에게 청혼할 거래. 초록 장미를 들고 말이야."

"흠, 그래? 야수가 온종일 나를 도와주면 생각해 보지."

마리의 말에 야수는 발을 동동 구르며 기뻐했어.

"초록 장미만 구해 준다면 뭐든 할게! 뭐부터 할까?"

"우선 나의 꽃들이 목마르지 않게 물을 주도록!"

야수는 마리의 말이 끝나기가 무섭게 정원으로 달려갔어. 물뿌리개를 들고는 조심조심 꽃들에게 다가갔지.

"안녕? 나팔꽃아~, 무럭무럭 자라렴."

"나팔꽃이라고? 야수 야수 야수야~, 이건 카네이션이야."

"아하! 그렇구나. 잭은 아는 게 많네! 이번엔 해바라기!"

"이런, 이건 무궁화야. 무궁화꽃도 몰라?"

"꽃을 몰라도 한참 모르는구나! 꽃 이름 정도는 알아야 진정한 야수가 되지 않겠니?"

마리는 꽃밭에 있는 꽃들을 야수에게 하나하나 소개해 주었어.

"와, 나는 장미꽃만 알고 있었는데…. 세상에는 꽃이 참 많네! 그런데 꽃은 왜 피는 거야? 나의 벨을 기쁘게 하기 위해 피는 것인가?"

"휴, 머릿속에 벨뿐이구나. 꽃이 피는 건 다 이유가 있어. 세상의 많은 식물이 씨앗으로 번식을 하는데, 씨앗을 만드는 기관이 바로 꽃이야. 꽃의 역할은 바로 씨앗을 만들어 자손을 퍼뜨리는 거라고."

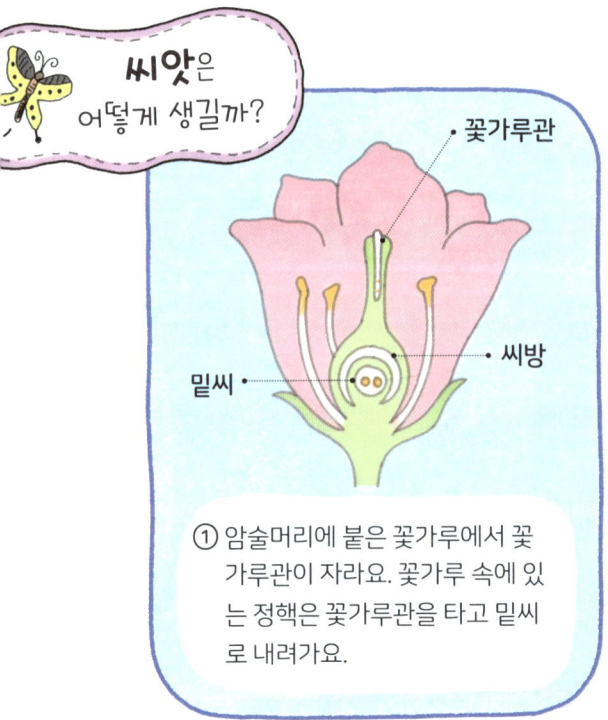

① 암술머리에 붙은 꽃가루에서 꽃가루관이 자라요. 꽃가루 속에 있는 정핵은 꽃가루관을 타고 밑씨로 내려가요.

② 꽃가루 속에 있는 정핵과 밑씨 속에 있는 난세포가 만나요. 이것을 수정이라고 해요.

"정말? 꽃은 그냥 향기롭고 아름다운 줄만 알았는데, 중요한 일을 하고 있었구나. 그런데 꽃이 씨앗을 어떻게 만들어?"

야수가 호기심을 보이자, 마리는 왠지 기분이 좋아졌어. 드디어 뭔가 알려줄 때가 되었군!

"야수야, 이리 와서 꽃을 자세히 살펴보렴. 수술 끝에 묻어 있는 노란색 꽃가루가 보이니?"

"오~, 보인다, 보여! 내가 눈이 좀 좋거든."

"그래, 꽃가루가 암술머리에 붙으면 씨방에서 씨앗이 만들어져. 이걸 꽃가루받이라고 하지."

"우아, 완전 신기! 진짜 신기!"

③ 수정이 일어나면 밑씨와 씨방이 자라기 시작해요.

④ 꽃은 지고 밑씨는 자라 씨앗이 돼요. 씨방은 열매가 되지요.

그때였어. 윙윙윙~! 벌들이 날아들었어. 야수가 긴 팔을 뻗어 휘휘 벌을 쫓자 마리는 "잠깐!" 하며 야수를 막았지.
"그냥 둬. 벌이랑 나비가 있어야 꽃가루받이를 할 수 있어."
야수는 깜짝 놀랐어. "뭐라고? 어떻게?"
"꽃은 달콤한 향기가 나고 화려해. 왜 그런지 아니? 바로 벌과 나비를 끌어들이기 위해서야.

"너무 뷰티풀해요!"

"벌이 꽃에 앉아 꿀을 빨면 온몸에 꽃가루가 묻거든. 꽃가루를 묻힌 채로 다른 꽃에 가면 몸에 묻어 있던 꽃가루가 다른 꽃의 암술머리에 묻어. 그러면서 꽃가루받이가 되는 거지."

야수는 호기심이 가득한 눈빛으로 벌과 나비를 바라보았어.

"진짜네! 요 꽃에 앉은 벌을 좀 봐. 꽃가루를 묻히고 이 꽃 저 꽃 날아다니네!"

충매화? 풍매화?

꽃은 꽃가루받이 방법에 따라 여러 종류로 나뉘어요. 벌과 나비 같은 곤충이 도와주는 꽃은 충매화, 새가 도와주는 꽃은 조매화, 바람이 도와주는 것은 풍매화, 물이 도와주는 것은 수매화라고 하지요.

"역시 야수의 시력은 대단하군! 이렇게 꽃은 벌과 나비를 사로잡으려고 저마다 꽃향기도 뿜고, 꽃잎 색도 알록달록 화려하지. 그런데 만약 꽃이 초록색이면 어떨 것 같아?"

야수는 모처럼 똘똘한 모범생 표정을 지었어.

"음… 꽃이 초록색이면 눈에 잘 안 띄겠네. 잎이 초록색이니까 잎인지 꽃인지 구분이 잘 안 될 것 같은데…."

"맞았어! 바로 그거야. 그래서 벌과 나비가 꽃가루받이를 하는 꽃 중에 초록색 꽃은 없단다."

"…."

야수는 한동안 말없이 생각에 잠겼어. 그러다 큰 소리로 외쳤지.

"아니야! 나는 초록 꽃이 필요하다고!

그러자 마리는 야수를 이끌고 옥수수밭으로 향했어.

"걱정 마. 여기 초록 꽃이 있으니까."

"어디, 어디? 여기는 온통 옥수수뿐인걸…."

바람이 불면 옥수수 술에서 꽃가루가 떨어져 멀리 퍼져 나가요. 옥수수의 꽃가루는 가볍고 작아요. 그래서 바람에 잘 날려요.

암꽃의 암술머리는 사람의 머리카락처럼 생겨서 바람에 날리는 꽃가루를 잘 받을 수 있어요.

옥수수 술 (수꽃)

옥수수수염 (암꽃)

"자, 바로 이 옥수수수염이 옥수수의 암꽃이야. 저 꼭대기에 있는 옥수수 술은 수꽃이고. **수꽃에 있는 꽃가루가 바람을 타고 옥수수수염에 내려앉으면 꽃가루받이가 되는 거지.** 이 푸르스름한 옥수수꽃으로 청혼하는 건 어때?"

마리의 말에 야수는 말문이 턱 막혔어. 거의 울기 직전이었지.

"옥수수를 주면서 청혼을 하다니! 아니야, 아니야, 그건 아니야. 초록 장미는 정말 세상에 없는 거야? 마법의 물약으로 만들 수는 없는 거야?"

그러자 마리는 푸훗 웃으며 말을 이었어.

"헤헤, 울지 마. 마법을 쓰지 않고도 만들 수 있으니까! 초록 물감을 푼 물에 하얀 장미를 꽂아 두면 돼. 내일 아침을 기대해!"

<초록 장미 만들기>
① 식물 염색용 물감을 화병에 풀어 초록색 물을 만들어요.
② 하얀색이나 베이지색 장미를 하루 정도 꽂아 두어요.
③ 꽃잎 끝부터 초록색으로 물들어요.

야수는 밤새 꾸벅꾸벅 졸면서 장미꽃을 지켰어. 잭도 장미꽃이 물드는 걸 지켜보겠다며 눈을 부릅떴지. 물론 둘 다 꽃잎이 물드는 걸 보진 못했어. 깜빡 잠이 들었거든.

새벽이 되었어. 고개를 떨구다 잠에서 깬 야수는 마리의 집이 떠나가라 환호성을 질렀어.

"앗, 초록 장미다! 초록 장미가 되었어!"

벼락같은 소리에 잠이 깬 잭과 마리는 비몽사몽간에 감사 인사를 받았단다.

"마녀 마리야! 정말 고마워."

마법보다 과학이지!

"그런데 마리야, 이게 어떻게 된 일이야? 꼭 마법 같아!"

"흐흐, 식물의 세계는 마법보다도 오묘하지. 식물은 뿌리로 물을 빨아들이고, 물은 물관을 통해 잎과 꽃으로 이동해. 녹색 물감이 물관을 따라 잎으로 전해진 거야."

야수는 학교 다닐 때 식물 공부를 열심히 할걸~, 식물을 더 잘 알았더라면 진작에 청혼했을걸~, 하면서 호들갑을 떨었어.

"아함~. 졸려라… 야수야, 호들갑 그만 떨고 청혼하러 가는 게 어때?"

"아, 맞다! 이러고 있을 게 아니야. 마리, 잭! 행운을 빌어 줘! 나 진짜 간다!"

야수는 초록 장미를 품에 안고 신나게 집으로 돌아갔어. 과연 야수의 청혼은 성공했을까?

 ## 꽃이 피지 않는 식물은 어떻게 번식을 할까?

모든 식물이 꽃을 피우는 것은 아니에요. 지구에는 35만 종이 넘는 식물이 있는데, 이 중에서 꽃을 피우는 것은 25만 종 정도랍니다. 꽃을 피워 씨앗으로 번식하는 식물을 종자식물이라고 해요. 고사리와 이끼 같은 식물은 꽃을 피우지 않고 홀씨로 번식한답니다. 고사리의 잎 뒷면에는 갈색 홀씨주머니가 달려 있어요.

버섯과 곰팡이는 식물은 아니지만 홀씨를 퍼뜨려 번식하는 균류예요. 균류는 엽록소가 없어 광합성을 하지 않고 다른 생물에 붙어 기생해요. 버섯은 땅속에 가느다란 팡이실이 거미줄처럼 자라고, 때가 되면 팡이실은 땅 위로 버섯을 피웁니다. 버섯 갓 안쪽에는 조그만 홀씨가 수백만 개 붙어 있어요.

신데렐라야, 뭐 하고 있어?

　마리와 잭이 숲에서 버섯을 따고 있을 때였어. 어디선가 '후드득' 하는 소리가 들려왔지.
　"어? 밤 떨어지는 소리? 누가 밤을 따고 있지?"
　잭이 바구니를 팽개치고 우다다 달려갔어.
　"일하다 말고 어딜 가!"
　잭이 커다란 밤나무로 달려가 보니, 신데렐라가 밤을 줍고 있었어.
　"어, 처음 보는 누나네? 누나, 누나, 다리는 다리인데 건너지 못하는 다리가 뭐게?"
　땀을 뻘뻘 흘리며 일을 하던 신데렐라는 어리둥절할 뿐이었지.
　"아…, 잘 모르겠는데…?"
　"으하하, 구닥다리! 그런데 그 구닥다리 누더기는 뭐예요? 누나 혹시 연극배우예요? 무대 의상 맞죠?"
　그러자 신데렐라의 얼굴이 홍시처럼 붉어졌어.
　"아…, 이건 하나밖에 없는 내 옷이야."
　뒤따라온 마리가 잭의 이마를 콩 쥐어박았어.

"미안해, 신데렐라야. 얘는 내 이웃에 사는 동생 잭인데, 아직 철이 덜 들었단다. 밤 따고 있었니?"

"마녀 마리야! 오랜만이야. 오늘 무도회가 있는데, 어머니가 밤송이 1,000개를 따면 무도회에 가도 좋다고 하셨어. 그런데 아무래도 무리겠지? 아직 100개밖에 못 땄거든."

"으흐흐. 걱정하지 마. **내가 100개를 1,000개로 만드는 마법을 알고 있거든!** 일단 우리 집으로 가자."

집에 도착한 마리는 신데렐라에게 맛있는 점심을 차려 주었어.

"마리야, 고마워. 배가 고팠거든."

"누나, 언제든지 놀러 오세요. 그런데 누나, 누나는 왜 치마에 뭘 달고 다녀요?"

잭의 말에 신데렐라는 치마를 펼쳐 보았어.

"어머, 이게 다 뭐지? 숲에서 일하다가 뭐가 묻었나 봐."

마리는 신데렐라의 치마를 살펴보더니 방긋 웃었어.

"신데렐라야, 이건 모두 씨앗이야. 도둑놈의갈고리 씨앗도 있고, 이건 도깨비바늘 씨앗이네?"

"씨앗이라고? 씨앗이 왜 내 치마에 붙었지?"

"응, 그건 네 도움을 받으려고 그런 거야. 식물은 스스로 움직이지 못하니까, 씨앗을 멀리 퍼뜨리지 못해. 그래서 다양한 방법을 쓰는데, 어떤 씨앗들은 동물의 털에 묻어서 이동하지. 자세히 보면 씨앗이 들어 있는 곳에 낚싯바늘이나 갈고리 같은 모양이 뾰족하게 솟아 있어. 이런 모양 덕분에 덤불을 지나는 동물의 털에 찰싹 붙어서 이동할 수 있는 거야."

마리의 말에 신데렐라의 얼굴이 환해졌어.

"내가 숲에서 일한 게 식물에게 도움이 되었다니, 왠지 기분 좋은걸?"

"우아, 그럼 동물들이 씨앗 배달부였네!"

"맞아, 잭! 가끔은 맞는 말도 하는구나."

"나도 씨앗 배달부 역할을 한 거구나. 씨앗은 동물들만 옮기는 거야?"

"그건 아니야. **씨앗은 여러 가지 방법으로 이사를 가.** 민들레 씨앗은 솜털을 달고, 단풍나무 씨앗은 날개 모양 꼬투리를 달고 바람에 날아가지."

"와, 바람까지? 모두 힘을 모아 씨앗이 이동하는 걸 도와주는구나."

마녀 마리야 저것 좀 봐!

"연꽃은 꽃이 지고 난 뒤, 그 자리에 씨를 품은 열매가 맺혀. 물에 퐁당 떨어지면 물결을 따라 둥둥 떠내려가면서 이동하지."

신데렐라의 눈이 초롱초롱 빛나자 마리도 신이 났어.

"참! 스스로 팍 터지면서 씨앗을 뿌리는 친구들도 있단다. 콩이나 팥 같은 식물은 제힘으로 씨앗을 퍼뜨리는 셈이야."

사과가 왜 달콤하냐고?

마리는 신데렐라를 사과나무로 데려갔어. 세상에서 가장 맛있는 사과를 대접하고 싶었거든.

"우아, 사과가 주렁주렁 열렸네! 마리가 키운 거야?"

마리는 사과를 똑 따서 신데렐라에게 주었어.

"우리가 먹는 사과는 씨방이 자란 거야. 밑씨가 씨방 안에 들어 있는 식물은 자라면 씨방은 열매가 되고, 씨방 안의 밑씨는 씨앗이 되지. 이런 식물을 속씨식물이라고 하는데, 주로 꽃잎을 가진 예쁜 꽃을 피워."

그러자 잭이 바로 되물었지.

"속씨식물? 흠~, 그럼 겉씨식물도 있겠네!"

"맞았어! 이럴 땐 똑똑하다니까! 겉씨식물은 민들레 씨앗처럼 씨방이 없고, 밑씨가 겉으로 드러나는 식물이야. 밑씨는 커서 씨앗이 되지."

신데렐라는 고개를 끄덕이며 마리에게 물었어.

"마녀 마리야, 그런데 왜 씨앗은 멀리 떠나려고만 할까?"

"씨앗들이 부모 식물 바로 아래 떨어져 봐. 너무 많은 새싹이 한자리에 날 거야. 그럼 흙 속의 양분도 나눠야 하니까, 새싹이 잘 자라기 어렵지. 그리고 부모 식물은 자식인 새싹보다 크기 때문에 새싹에게 가야 할 햇빛을 가릴 수 있어. 햇빛을 받지 못하면 무럭무럭 크기 어려우니까, 씨앗은 부모 식물에게서 되도록 멀리 떠나려고 하는 거야."

그러자 신데렐라는 깊은 한숨을 쉬었어.

"그렇구나. 나도 언젠가는 씨앗처럼 멀리 떠나야 할까?"

마법의 물약을 톡톡!

마리는 신데렐라의 어깨를 토닥이며 말했어.

"글쎄. 그건 좀 더 생각해 보자. 일단은 무도회로 떠나 보는 건 어때? 내가 밤송이 1,000개도 만들었으니까!"

그러자 신데렐라는 고개를 푹 숙였단다.

"아니야. 이런 꼴로 어딜 가겠니? 가서 망신만 당하겠지."

"헤헤, 그건 걱정하지 마. 요 씨앗들만 있으면 문제없어!"

마리는 씨앗 통에서 호박 씨앗 하나, 장미 씨앗 하나를 꺼냈어. 그리고 신데렐라의 치마에 붙었던 도깨비바늘 씨앗 여섯 개와 도둑놈의갈고리 씨앗 하나도 챙겼지. 마리는 '바라는 대로 일곱 시간 동안 변신하는 물약'을 꺼내 씨앗 위에 한 방울씩 떨어뜨렸어.

　"흐흐, 내 실력을 보여줄 때가 되었구나! 수리수리 후리후리~ 호박 마차가 되어라!"

　그러자 호박 씨앗이 점점 부풀더니, 멋진 호박 모양 마차로 변신했어! 장미 씨앗은 금실과 은실로 아름답게 짜인 드레스가 되었고, 도깨비바늘 씨앗은 여섯 마리의 말이, 도둑놈의갈고리 씨앗은 멋진 마부 아저씨가 되었지.

신데렐라와 잭의 눈이 휘둥그레졌어.

"놀랄 것 없어. 효능은 일곱 시간이니까, 자정에는 집으로 돌아와야 해!"

"아아, 고마워. 마녀 마리야."

"참, 그리고 하나 더! 이건 선물이야."

마리는 품에서 반짝반짝 빛나는 유리구두를 꺼냈어. 신데렐라의 발에 꼭 맞는 구두였지.

"고마워, 마리야. 오늘은 최고의 날이야."

신데렐라는 활짝 웃으며 무도회로 향했단다.

"마녀 마녀 마리야~. 그런데 유리구두는 어디서 난 거야?"

"훗, 마녀가 멋진 보물 몇 가지쯤 가지고 있는 건 당연한 거 아니야? 저 구두가 신데렐라에게 행운을 안겨 줄 거야."

비가 오면 왜 솔방울이 오그라들까?

소나무는 암꽃과 수꽃이 한 그루에 피는 암수한그루 나무예요. 봄이 되면 수꽃의 꽃가루, 즉 송홧가루가 바람을 타고 날아가 다른 나무의 암꽃에 내려앉아 꽃가루받이를 한답니다. 이렇게 수분이 이루어지면 암꽃은 열매로 자라는데, 이것이 바로 솔방울이에요. 솔방울 사이사이에는 소나무 씨앗이 숨어 있는데, 씨앗에는 날개가 달려 있어 바람을 타고 날아 새로 싹을 틔우게 되지요. 솔방울은 신기하게도 비가 오는 날이면 자연스럽게 오그라들고, 습기가 사라지면 활짝 열려요. 비가 오는 날에는 씨앗이 멀리 날아갈 수 없기 때문에, 솔방울 스스로 오그라드는 거랍니다. 씨앗을 멀리 날려 보내기 위한 솔방울의 노력, 정말 대단하죠?

숲으로 가자, 숲으로!

 가을이 한창인 어느 날, 마리와 잭은 숲속 깊은 곳으로 여행을 떠났어. 마법의 물약을 만드는 데 필요한 식물을 구하기 위해서였지.
 "가을이 되니까 숲이 달라 보여. 알록달록 단풍도 들고, 잎사귀도 떨어지고! 아기가 자라 노인이 되는 것처럼, 식물도 나이가 드는구나!"
 잭이 하늘 높이 솟은 나무들을 보며 한숨을 쉬었어.
 "잭, 네가 할아버지 같은 소리를 할 때도 있구나! 맞아. 식물은 싹을 틔우고, 자라고, 꽃을 피우다 씨를 남기며 죽지. 이런 걸 '식물의 한살이'라고 한단다."

"한살이?"

"식물뿐 아니라 모든 생명이 한살이를 하지. 태어나서 죽는 순간까지를 말하니까!"

"헤헷, 난 아니야. 난 동화 속 주인공이니까!"

"흠… 그건 그렇고, 식물 중에서 봄에 태어나 한 해만 살고 죽는 식물을 '한해살이 식물'이라고 해."

"오~. 그럼 여러 해를 사는 식물은 혹시 '여러해살이 식물'?"

"맞았어. 아무튼 그런 건 잘 맞춘다니까!"

잭은 주변을 둘러보다가 발밑에 보이는 쑥을 가리켰어.

"마녀 마리야! 쑥은 한해살이 식물이지? 곧 죽을 것처럼 시들었어."

"하하, 그래 보여도 쑥은 여러해살이 식물이야. 말라 죽은 것 같지만, 뿌리가 겨울을 이겨 내고 그 자리에 새싹을 틔우지."

"우아, 신기하다! 그럼, 이렇게 굵은 나무는 여러해살이 식물이겠지?"

"맞아. 나무는 대부분 여러해살이 식물이지. 여러 해를 살았으니 이렇게 몸통이 두껍고 단단한 거야."

킁킁, 이게 무슨 냄새지?

"그런데 달콤하고 짭조름한 이 냄새는…!"

잭과 마리는 맛있는 냄새를 쫓아 발길을 옮겼어.

"우와, 과자로 지은 집이잖아? 동화책에서만 봤는데! 마리야, 빨리 가서 뜯어 먹자!"

마리는 집으로 달려드는 잭의 뒷덜미를 가까스로 붙잡았어.

"조용히 해! 여긴 못된 마녀가 사는 곳이야."

그때, 집 뒤에 있는 허름한 창고에서 희미한 소리가 들렸어.

"얘들아, 이리 좀 와 봐! 나 좀 도와줘!"

쇠창살이 박힌 창고에는 헨젤이 갇혀 있었지.

"마녀 마리야, 오랜만이야. 마녀가 나를 살찌워서 잡아먹겠대! 내 동생 그레텔은 이 집에서 하녀 노릇을 하고 있고. 우리를 도와줄 수 있겠니?"

마리와 잭은 고개를 끄덕이고는 살금살금 마녀의 집으로 향했어. 그때 현관문이 열리면서 그레텔이 나왔지.

"그레텔! 어디 가니?"

"어, 마리 언니!"

그레텔은 눈물을 주르륵 흘리며 마리의 품에 안겼어.

"마녀가 숲에 가서 나무를 해 오래요. **화덕을 뜨겁게 달궈야 한다면서요.**"

"흠, 그래? 오늘 너희를 잡아먹으려나 보다. 나한테 좋은 방법이 있으니 따라와! 아이들을 괴롭히는 못된 마녀를 혼내 줘야지!"

마리와 잭, 그리고 그레텔은 단풍이 아름답게 물든 울창한 숲속으로 들어갔어.

"자, 지금부터 모두 단풍잎을 주워 줘. 못된 마녀를 혼내 줄 마법의 물약을 만들려면 빨간 단풍잎 100장, 노란 은행잎 100장이 필요하거든."

그레텔은 열심히 나뭇잎을 모았어. 이번에는 잭도 게으름을 피우지 않았지. 그러다 잭이 뭔가 생각난 듯 물었어.

"마리 누나, 그런데 왜 가을에는 나뭇잎 색깔이 변하는 거야?"

그때 알려준 거 기억나?

"흠, 내가 내는 문제를 맞추면 알려 주지. 나뭇잎이 초록색인 이유는 잎에 초록색 색소가 들어 있기 때문이야. 그게 뭘까요?"

"정답! 엽록소!"

"우아, 엽록체만 알려 주고 엽록소는 안 알려 줬는데…, 감동이야! 나뭇잎에는 다양한 색소가 들어 있어. 그중 엽록소가 가장 많아서 초록색으로 보이는 거지."

노란색
은행나무나 느티나무 등은 가을이 되면 노란색으로 변해요. 크산토필이라는 노란색 색소 때문이에요.

"우아, 엽록소만 있는 게 아니었구나. 그럼 가을이 되면 엽록소가 사라지기라도 하는 거야?"

"맞아. 엽록소는 추위에 약하거든. **가을이 되어 기온이 내려가면 엽록소는 파괴되고 말아.** 초록색은 점점 사라지고 나뭇잎 속에 남아 있는 붉은색 색소, 노란색 색소, 갈색 색소가 천천히 나타나지. 그래서 가을에는 나뭇잎이 빨갛고 노랗게 변하는 거야. 바로 단풍이 드는 거지."

갈색
떡갈나무 잎은 갈색으로 물들어요. 갈색 단풍은 타닌이라는 갈색 색소가 드러난 것이에요.

붉은색
단풍나무, 벚나무 같은 붉은색 단풍은 안토시아닌이라는 붉은 색소가 새로 만들어져서 생겨요.

와우~ 갈색 단풍 멋스럽다!

"마리 언니, 단풍이 들고 난 뒤에 겨울이 되면 나뭇잎이 떨어지잖아요. 낙엽은 왜 지는 거예요?"

"오호! 좋은 질문이야. 나뭇잎에 있는 엽록소가 하는 가장 중요한 역할은 바로 광합성을 통해 영양분을 만드는 거야. 그런데 엽록소가 파괴되고 나면 잎은 영양분을 만들지 못해 쓸모가 없어지지. 그러면 나무는 잎을 떨어뜨릴 준비를 해. 겨울에는 땅이 얼어붙어서 물을 얻기 힘드니까 물이 잎으로 빠져나가지 못하게 잎을 버리는 거야. 그러니까 낙엽은 추운 겨울을 무사히 보내기 위한 나무의 지혜라고 볼 수 있지."

그러자 잭이 물었어.

"그럼 광합성을 못 하면 나무는 어떻게 살아? 영양분을 만들지 못하잖아."

"겨울에는 겨울잠을 자는 동물처럼 식물도 영양분이 아주 조금만 있어도 돼. 나무는 잎이 떨어지기 전에 영양분을 줄기로 옮겨 놓고, 이것으로 겨울을 나지."

늘 푸른 잎, 상록수

소나무나 잣나무처럼 잎이 늘 푸른 나무를 상록수라고 해요. 상록수 잎에는 기름기가 많아서 날씨가 추워도 엽록소가 파괴되지 않아요. 그래서 겨울이 되어도 광합성을 할 수 있지요. 그렇다고 상록수 잎이 늘 같은 것은 아니에요. 2~3년마다 새로운 잎으로 바뀌어요. 한꺼번에 떨어지지 않고 조금씩 바뀐답니다.

못된 마녀에게 마법의 수프를!

"아이고, 허리야! 단풍 줍다가 골병들겠네!"

"잭, 엄살 그만 피고 이리 와. 마법의 물약을 만들어야지!"

마리는 커다란 솥에 빨간 단풍잎 100장, 노란 은행잎 100장을 넣고 펄펄 끓였어. 그리고 거기에 간식으로 가져온 옥수수를 탈탈 털어 넣었지. 옥수수는 못된 마녀가 가장 좋아하는 음식이거든.

"아, 냄새 좋다! 내가 먹을래!"

"이걸 먹으면 어떻게 되는지 보고 나면 그런 소리 못할걸? 그레텔, 이 수프를 못된 마녀에게 대접해. 그다음에는 일이 저절로 풀릴 거야."

그레텔은 마녀에게 수프를 가져갔어.

"옆 마을에 사는 친구가 마녀님을 위해 옥수수 수프를 만들었어요!"라면서 식기 전에 드시라고 했지.

뭐, 틀린 말은 아니니까.

마녀는 "내가 좋아하는 옥수수 수프잖아!" 하면서 한 그릇을 뚝딱 마셨단다. 그런데 10분쯤 지났을까? 못된 마녀의 눈동자가 뱅글뱅글 돌더니 마치 주문에 걸린 듯 이렇게 말하는 거야.
"그레텔, 춥구나, 추워! 따뜻한 곳으로 가야겠어."
마녀는 장작이 활활 타오르는 화덕 문을 열었어.
그러더니만 제 발로 화덕에 쑥 들어가 버렸단다.
"아이, 따뜻해!" 하면서 말이야. 그레텔은 얼른 달려가 화덕 문을 꼭 잠갔어.

그레텔은 열쇠 꾸러미를 들고 뛰어나왔어.

창고 문을 활짝 열어 헨젤을 구했지!

"오빠, 보고 싶었어! 마녀 마리가 없었더라면 못된 마녀에게 잡아 먹힐 뻔했지 뭐야."

마리는 쑥스러운 표정으로 손사래를 쳤단다.

"헤헤, 내가 아니었어도 너희는 마녀를 물리쳤을 거야. 원래 그런 이야기니까! 자자, 집으로 함께 돌아가자!"

마녀 마리와 친구들은 노래를 부르며 숲길을 걸었어.

초등과학Q 5

마녀의 식물도감
꽃과 씨앗 그리고 마법의 물약

초판 1쇄 발행 2020년 10월 5일
초판 8쇄 발행 2025년 3월 5일

글 오수민 | **그림** 윤유리 | **감수** 김진석
편집 전현정 | **디자인** 상상이꽃처럼
제작 박천복 김태근 고형서
펴낸이 김경택
펴낸곳 (주)그레이트북스
등록 2003년 9월 19일 제313-2003-000311호
주소 서울시 구로구 디지털로31길 20 에이스테크노타워5차 12층
대표번호 (02) 6711-8673
홈페이지 www.greatbooks.co.kr

ISBN 978-89-271-9692-1 74400
    978-89-271-9560-3(세트)

※이 책은 저작권법에 따라 보호받는 저작물이므로 무단전재와 무단복제를 금합니다.

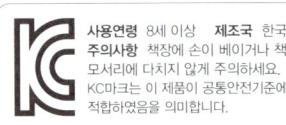